NICO STANITZOK

BACKEN MIT ERYTHRIT

FOTOGRAFIE: KATRIN WINNER, COCO LANG

INHALT

*Öffnen Sie die Klappen dieses Buches.
Dort finden Sie die wichtigsten Infos zum Thema auf einen Blick!*

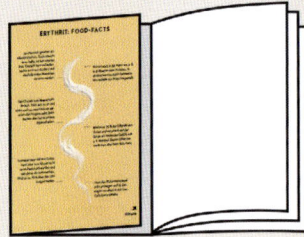

ERYTHRIT:
FOOD-FACTS

DIE PERFEKTE
KOMBI

Immer griffbereit:

SO GEHT'S:
BACKEN MIT
ERYTHRIT

Immer griffbereit:

SO GELINGT'S:
TIPPS & TRICKS

GU CLOU

Wussten Sie schon, dass ...?
Entdecken Sie bei einigen ausgewählten Rezepten ganz besondere Tipps mit verblüffendem Insiderwissen. Aha-Momente garantiert!

Die Backzeiten können je nach Herd variieren. Unsere Temperaturangaben beziehen sich auf das Backen im Elektroherd mit Ober- und Unterhitze.

Sammeln Ihrer Lieblingsrezepte mit der »GU Kochen Plus«-App (siehe S. 64)

REZEPTKAPITEL

06 KUCHEN & TORTEN

22 SÜSSE TEILCHEN

42 KEKSE RUND UMS JAHR

04 DER AUTOR
05 SAFTIGES BANANENBROT
29, 32, 36 COVERREZEPTE
60 REGISTER, ABKÜRZUNGSVERZEICHNIS
62 IMPRESSUM, LESERSERVICE, GARANTIE

NICO STANITZOK

Als echter Süßschnabel lässt Nico für ein Stück Kuchen alles stehen! Der diätetisch geschulte Koch bäckt selbst sehr gerne und hat in seiner Backstube schon viele Alternativen zu Zucker ausprobiert. Erythrit hat ihn dabei am meisten überzeugt. Warum das so ist, hat er in wenigen Sätzen erklärt.

Was gefällt mir an Erythrit?

Süße ohne Kalorien – für mich ein Traum. Erythrit wird mit 0 Kalorien pro 100 g angegeben. Zum Vergleich: Xylit enthält immer noch 60 % der Kalorien von Zucker, der selbst 400 kcal pro 100 g aufweist. Besonders interessant ist Erythrit für Diabetiker. Es wirkt sich nämlich nicht auf den Blutzuckerspiegel aus, und somit wird auch kein Insulin ausgeschüttet. Auch Kariesbakterien können Erythrit nicht verwerten und keine zahnschädigenden Säuren bilden.

Was kann Erythrit?

Erythrit sieht aus und fühlt sich an wie Zucker – und kann auch meist so verwendet werden. Für die Rezepte habe ich viele Teige ausprobiert. Leider ist es mir nicht gelungen, einen Hefeteig mit Erythrit herzustellen. Hefen mögen wohl keinen Zuckeralkohol. Eine prima Alternative dazu ist ein saftiger Quark-Öl-Teig, der mit Erythrit hervorragend funktioniert. Besonders gut sind mir Brandteige gelungen. Probieren Sie die mal aus, sie sind einfacher als gedacht.

Worauf ist beim Backen mit Erythrit zu achten?

Erythrit schmeckt weniger süß als Zucker, daher schmeckt auch mein Gebäck nicht so süß. Ich habe anfangs versucht, die fehlende Süße durch mehr Erythrit auszugleichen. Aber das klappt nicht. Zum einen bemerkt man dann die »kühlende« Eigenschaft des Erythrits stärker. Zum anderen neigt Erythrit beim Backen zum Kristallisieren. So werden zum Beispiel Mürbeteige mit zu viel Erythrit besonders hart. Daher ist weniger manchmal besser.

SAFTIGES BANANENBROT

Backofen auf 170° vorheizen, eine Kastenform (25 cm lang) mit Butter einfetten.

130 g Erythrit im Blitzhacker pulverisieren.

3 sehr reife Bananen schälen und in einer Rührschüssel mit einer Gabel zerdrücken.

200 g Crème fraîche, 1 Ei (M) und pulverisiertes Erythrit zugeben und mit einem Küchenspatel verrühren.

120 g Mehl und 2 TL Backpulver zufügen. Verrühren, bis sich alle Zutaten gerade verbunden haben.

Den Teig in die Form füllen und im Ofen (Mitte) ca. 1 Std. 5 Min. backen. Den Kuchen aus dem Ofen nehmen und ca. 10 Min. in der Form abkühlen lassen. Dann auf ein Kuchengitter stürzen und auskühlen lassen. Reicht für 12 Scheiben.

KUCHEN & TORTEN

08 HIMBEERTORTE

10 ZITRONENKUCHEN

11 BUTTER-MANDEL-KUCHEN

13 ORANGEN-MOHN-KUCHEN

14 KÄSEKUCHEN MIT MANDELBODEN

15 APFELKUCHEN MIT STREUSELN

16 ERDBEERTARTE

18 SCHOKOKUCHEN

19 MAGISCHE KOKOSTORTE

21 ZITRONENTARTE MIT BAISER

Für 12 Stücke • 35 Min. Zubereitung • 1 Std. Backen • 4 Std. Kühlen • Pro Stück ca. 300 kcal, 7 g E, 24 g F, 15 g KH

HIMBEERTORTE

FÜR GÄSTE

FÜR DEN TEIG
180 g Erythrit
150 g Zartbitter-Schokolade (70 % Kakaogehalt)
150 g weiche Butter
6 Eier (M)
120 g Mehl
35 g gemahlene Mandeln

FÜR DEN BELAG
200 g Himbeeren
100 g Zartbitter-Schokolade (70 % Kakaogehalt)
75 g Sahne

AUSSERDEM
Springform (26 cm ⌀)
Butter für die Form

DEKO-TIPP
Wer mag, glasiert die fertige Torte noch mit 100 g Himbeerfruchtaufstrich (ohne Zucker). Diesen in einem kleinen Topf erwärmen, bis er flüssig ist. Dann gleichmäßig über die Beeren träufeln.

TEIG: Den Backofen auf 180° vorheizen. Den Boden der Form mit Backpapier belegen, den Rand mit Butter einfetten. Erythrit im Blitzhacker pulverisieren. Schokolade hacken und in einer Schüssel über einem heißen Wasserbad schmelzen.

Die Butter mit 110 g pulverisiertem Erythrit in einer Rührschüssel verrühren. Die Eier trennen, die Eigelbe einzeln einrühren. Danach die geschmolzene Schokolade unterrühren. Eiweiße und restliches pulverisiertes Erythrit (70 g) mit dem Handrührgerät steif schlagen. Den Eischnee unter die Eiermasse heben, dann Mehl und Mandeln unterheben.

Den Teig in die Form füllen, glatt streichen und im Ofen (Mitte) ca. 1 Std. backen. Herausnehmen und leicht abkühlen lassen, den Boden dann aus der Form lösen.

BELAG: Himbeeren verlesen, Schokolade fein hacken. Die Sahne in einem kleinen Topf aufkochen. Vom Herd nehmen, die Schokolade einrühren und in ca. 5 Min. schmelzen lassen.

FERTIGSTELLEN: Die Schokomasse glatt rühren und auf dem Boden verstreichen. Die Torte sofort mit den Himbeeren belegen und ca. 4 Std. kühlen.

Für 18 Stücke • 35 Min. Zubereitung • 55 Min. Backen • 20 Min. Abkühlen •
Pro Stück ca. 175 kcal, 3 g E, 13 g F, 11 g KH

ZITRONENKUCHEN

EINFACH

3 Bio-Zitronen
4 Eier (M)
200 g Mehl
50 g Speisestärke
1 ½ TL Backpulver
280 g Erythrit
250 g weiche Butter
Salz

AUSSERDEM
Kastenform (25 cm lang)
Butter und Mehl für die Form

1 Den Backofen auf 185° vorheizen. Die Form mit Butter einfetten und mit Mehl austäuben. Zitronen heiß abwaschen, abtrocknen, die Schale von 1 Frucht abreiben. Alle Zitronen auspressen und 4 EL Saft beiseitestellen. 1 Ei trennen, das Eiweiß abgedeckt kühlen. Mehl, Stärke und Backpulver mischen. Erythrit im Blitzhacker pulverisieren.

2 Butter, 200 g pulverisiertes Erythrit und 1 Prise Salz in ca. 2 Min. hellcremig rühren. Zitronenschale, ein Drittel vom Zitronensaft und das Eigelb einrühren. Mehlmischung und Eier abwechselnd unterrühren. Den Teig in die Form füllen und im Ofen (Mitte) ca. 55 Min. backen. Ca. 20 Min. abkühlen lassen, dann aus der Form lösen.

3 Das Eiweiß schaumig rühren. Mit übrigem Erythrit (80 g) und 4 EL Saft verrühren. Den Kuchen mit einem Holzspieß ca. 25-mal einstechen. Mit dem restlichen Saft tränken, mit der Hälfte vom Guss bestreichen, trocknen lassen. Den übrigen Guss auftragen.

Für 20 Stücke • 35 Min. Zubereitung • 20 Min. Backen • Pro Stück ca. 210 kcal, 5 g E, 14 g F, 15 g KH

BUTTER-MANDEL-KUCHEN
KLASSIKER

130 g Erythrit
250 g Magerquark
100 ml Rapsöl
1 Ei (M)
½ TL gemahlene Vanille
Salz
400 g Mehl
1 Pck. Backpulver
100 g gemahlene Mandeln
100 g Butter
100 g Sahne

1 Den Backofen auf 195° vorheizen, ein Backblech mit Backpapier belegen. Erythrit im Blitzhacker pulverisieren. Quark, pulverisiertes Erythrit, Öl, Ei, Vanille und 1 Prise Salz in eine Schüssel geben und mit den Rührbesen des Handrührgeräts verrühren. Mehl und Backpulver daraufsieben und alles zügig zu einem festen Teig verrühren.

2 Den Teig auf dem Backblech mit den Händen zu einem Rechteck (25 × 28 cm) formen. Mit den Fingerspitzen in regelmäßigen Abständen kleine Mulden in den Teig drücken. Die Mandeln auf den Teig streuen und die Butter in Flöckchen gleichmäßig darauf verteilen.

3 Den Kuchen im Ofen (Mitte) ca. 20 Min. backen. Herausnehmen, sofort mit der Sahne übergießen und abkühlen lassen.

KUCHEN & TORTEN

Für 12 Stücke • 35 Min. Zubereitung • 45 Min. Backen • 1 Std. Trocknen •
Pro Stück ca. 300 kcal, 6 g E, 19 g F, 25 g KH

ORANGEN-MOHN-KUCHEN

FÜRS BÜFETT

FÜR DEN TEIG
250 g Erythrit
5 Eier (M)
125 ml Sonnenblumenöl
125 ml Orangensaft
150 g gemahlener Blaumohn
150 g Speisestärke
100 g Mehl

FÜR DIE GLASUR
50 g Erythrit
50 ml Orangensaft
1 EL Zitronensaft
125 g Aprikosenkonfitüre ohne Zucker

AUSSERDEM
Springform (26 cm ⌀)
Butter für die Form

TEIG: Den Backofen auf 180° vorheizen. Den Boden der Form mit Backpapier belegen, den Rand mit Butter einfetten. Erythrit im Blitzhacker pulverisieren. Eier trennen, die Eiweiße in einem hohen Rührbecher mit den Rührbesen des Handrührgeräts in ca. 2 Min. steif schlagen. Dabei 100 g pulverisiertes Erythrit einrieseln lassen. Den Eischnee beiseitestellen.

Eigelbe und restliches pulverisiertes Erythrit (150 g) in einer Rührschüssel mit dem Handrührgerät in ca. 2 Min. hellschaumig rühren. Dann weiterschlagen und dabei abwechselnd Öl und Orangensaft zugießen. Den Mohn mit einem Küchenspatel unterrühren. Den Eischnee auf die Mohnmasse geben, Speisestärke und Mehl daraufsieben und alles mit dem Küchenspatel behutsam unterheben.

Den Teig in die Form füllen, glatt streichen und im Ofen (Mitte) ca. 45 Min. backen. Herausnehmen, den Kuchen leicht abgekühlt aus der Form lösen und auf ein Kuchengitter setzen.

GLASUR: Inzwischen Erythrit, Orangen- und Zitronensaft in einem kleinen Topf aufkochen. Konfitüre zugeben und alles sprudelnd in ca. 3 Min. sirupartig einkochen lassen. Oberfläche und Rand des noch heißen Kuchens mit dem Sirup bestreichen und ca. 1 Std. trocknen lassen.

Für 12 Stücke • 25 Min. Zubereitung • 1 Std. 5 Min. Backen • 12 Std. Kühlen •
Pro Stück ca. 335 kcal, 19 g E, 25 g F, 9 g KH

KÄSEKUCHEN MIT MANDELBODEN
LOW CARB

250 g Erythrit
200 g gemahlene Mandeln
1 TL Backpulver
1 TL gemahlene Vanille
75 g kalte Butter
3 Eier (M)
1 kg Magerquark
500 ml Milch
90 ml Sonnenblumenöl
1 Pck. Vanillepuddingpulver

AUSSERDEM
Springform (26 cm ⌀)
Butter für die Form

1 Backofen auf 180° vorheizen. Den Boden der Form mit Backpapier belegen, den Rand mit Butter einfetten. Erythrit im Blitzhacker pulverisieren. Mandeln, 100 g pulverisiertes Erythrit, Backpulver und ½ TL Vanille in einer Schüssel mischen. Eine Mulde hineindrücken. Butter in kleinen Würfeln und 1 Ei hineingeben und mit den Händen zügig zu einem geschmeidigen Teig verkneten. Diesen gleichmäßig in die Form drücken und einen ca. 4 cm hohen Rand formen.

2 Quark, Milch, übriges pulverisiertes Erythrit (150 g), Öl und übrige 2 Eier mit dem Schneebesen verrühren. Puddingpulver und übrige Vanille (½ TL) einrühren. Die Masse in die Form gießen.

3 Den Kuchen im Ofen (Mitte) ca. 1 Std. 5 Min. backen. Dabei nach ca. 30 Min. mit Alufolie abdecken, damit der Kuchen nicht zu stark bräunt. Herausnehmen, auskühlen lassen und mind. 12 Std. im Kühlschrank fest werden lassen. Erst dann aus der Form lösen.

Für 24 Stücke • 35 Min. Zubereitung • 50 Min. Backen • Pro Stück ca. 255 kcal, 6 g E, 15 g F, 23 g KH

APFELKUCHEN MIT STREUSELN

GÜNSTIG

460 g Erythrit
4 Eier (M)
600 g Mehl
2 TL Backpulver
500 ml Milch
1 Pck. Vanillepuddingpulver
250 g weiche Butter
1 TL Zimtpulver
200 g gemahlene Mandeln
4 Äpfel (z. B. Fuji)

1 Ein Backblech mit Backpapier belegen. Erythrit im Blitzhacker pulverisieren. Eier und 180 g pulverisiertes Erythrit in ca. 2 Min. hellschaumig rühren. 250 g Mehl und 1 TL Backpulver einrühren. Den Teig gleichmäßig auf das Backblech streichen.

2 Milch, 30 g pulverisiertes Erythrit und Puddingpulver in einem Topf glatt verrühren. Bei mittlerer Hitze unter Rühren aufkochen und ca. 1 Min. kochen lassen. Den Pudding auf dem Teig verteilen.

3 Den Backofen auf 185° vorheizen. Butter, übriges pulverisiertes Erythrit (250 g) und Zimt in ca. 2 Min. hellcremig rühren. Übriges Mehl (350 g), Backpulver (1 TL) und Mandeln daraufsieben und mit den Händen zu Streuseln verkneten. Äpfel schälen, vierteln, entkernen und quer in dünne Scheiben schneiden. Äpfel und Streusel auf dem Pudding verteilen. Den Kuchen im Ofen (Mitte) in ca. 50 Min. goldbraun backen. Auf einem Kuchengitter abkühlen lassen.

KUCHEN & TORTEN

*Für 12 Stücke • 40 Min. Zubereitung • 15 Min. Backen • 2 Std. 30 Min. Kühlen •
Pro Stück ca. 200 kcal, 5 g E, 12 g F, 20 g KH*

ERDBEERTARTE

FRÜHLINGS-REZEPT

FÜR DEN TEIG
75 g Erythrit
1 Ei (M)
Salz
250 g Mehl
125 g kalte Butter

FÜR DEN BELAG
500 g Erdbeeren
1 Ei (M)
40 g Erythrit
30 g Mehl
250 ml Milch
½ TL gemahlene Vanille

AUSSERDEM
Tarteform (28 cm ⌀)
Butter für die Form

TAUSCH-TIPP
Je nach Saison können Sie andere Früchte auf die Tarte legen. Probieren Sie doch mal Himbeeren, Heidelbeeren oder Kirschen. Äpfel oder Birnen vorher leicht dünsten und in Spalten schneiden.

TEIG: Das Erythrit im Blitzhacker pulverisieren. Ei, pulverisiertes Erythrit und 1 Prise Salz in einer Schüssel mit einer Gabel verquirlen. Mehl und Butter in kleinen Würfeln zugeben und alles mit den Händen zügig zu einem glatten Teig verkneten. Den Teig zu einer Kugel formen, in Frischhaltefolie wickeln und mind. 30 Min. kühlen.

Den Backofen auf 180° vorheizen, die Form mit Butter einfetten. Den Teig in Größe der Form ausrollen, hineinlegen und mehrmals mit einer Gabel einstechen. Im Ofen (Mitte) in ca. 15 Min. hellbraun backen. In der Form abkühlen lassen.

BELAG: Die Erdbeeren waschen, putzen und halbieren. Ei und Erythrit in einer Schüssel verrühren, bis sich das Erythrit aufgelöst hat. Das Mehl einrühren. Milch mit Vanille in einem Topf erhitzen, bis sie zu dampfen beginnt. Die Vanillemilch dann unter Rühren in einem dünnen Strahl zur Eiermischung gießen. Die Mischung zurück in den Topf gießen und unter Rühren aufkochen, bis die Masse Blasen wirft.

FERTIGSTELLEN: Die Vanillecreme sofort auf den Tarteboden gießen und die Erdbeeren mit der Spitze nach oben dicht nebeneinander hineinsetzen. Die Tarte abdecken und vor dem Servieren ca. 2 Std. kühlen.

Für 12 Stücke • 35 Min. Zubereitung • 25 Min. Backen • Pro Stück ca. 235 kcal, 5 g E, 20 g F, 12 g KH

SCHOKOKUCHEN

EINFACH

200 g Erythrit
200 g Zartbitter-Schokolade
  (70 % Kakaogehalt)
125 g Butter
100 g Weizenmehl (Type 550)
2 ½ TL Backpulver
5 Eier (M)
Salz

AUSSERDEM
Springform (26 cm ⌀)
Butter für die Form

1 Den Backofen auf 180° vorheizen. Die Form mit Backpapier auslegen, den Rand mit Butter einfetten. Erythrit im Blitzhacker pulverisieren. Schokolade fein hacken und mit der Butter in einer Schüssel über dem heißen Wasserbad schmelzen. Die Schokobutter vom Wasserbad nehmen, Mehl und Backpulver daraufsieben und mit einem Küchenspatel unterrühren.

2 Eier trennen. Die Eigelbe mit dem pulverisierten Erythrit verrühren und unter die Schokomasse rühren. Die Eiweiße mit 1 Prise Salz steif schlagen. Den Eischnee unter die Schokomasse heben.

3 Die Schokomasse in die Form füllen und im Ofen (Mitte) ca. 25 Min. backen. Den Ofen ausschalten, die Klappe öffnen und den Kuchen im Ofen noch ca. 10 Min. ruhen lassen. Danach auf einem Kuchengitter auskühlen lassen, dann aus der Form lösen.

Für 12 Stücke • 30 Min. Zubereitung • 30 Min. Backen • 5 Std. Kühlen • Pro Stück ca. 290 kcal, 5 g E, 26 g F, 10 g KH

MAGISCHE KOKOSTORTE
GUT VORZUBEREITEN

4 Eier (M)
Salz
1 EL Zitronensaft
125 g Butter
150 g Erythrit
115 g Mehl
250 ml Milch
250 g Kokosmilch
150 g Kokosraspel

AUSSERDEM
Springform (26 cm ⌀)
Butter für die Form

1 Backofen auf 180° vorheizen, die Form mit Butter einfetten. Eier trennen, die Eiweiße in einem hohen Rührbecher mit dem Handrührgerät steif schlagen. Dabei 1 Prise Salz und den Zitronensaft zufügen. Die Butter schmelzen.

2 Erythrit im Blitzhacker pulverisieren. Mit den Eigelben und 1 EL Wasser in einer Rührschüssel mit dem Handrührgerät in ca. 2 Min. hellschaumig aufschlagen. Die geschmolzene Butter ca. 1 Min. unterrühren. Nacheinander Mehl, Milch und Kokosmilch einrühren. Den Eischnee auf die Masse geben, 125 g Kokosraspel daraufstreuen und mit einem Küchenspatel unterheben.

3 Den Teig in die Form füllen und im Ofen (Mitte) ca. 30 Min. backen. Den Ofen ausschalten, die Klappe öffnen und den Kuchen im Ofen ca. 1 Std. auskühlen lassen. Danach mind. 4 Std. kühlen. Mit den restlichen Kokosraspeln (25 g) bestreuen und servieren.

GU CLOU

Eischnee ergibt ein herrlich glänzendes und luftiges Baiser. Bei dieser Tarte erfüllt das Baiser übrigens gleich zwei Funktionen: Die Tarte sieht damit einfach grandios aus – und ganz nebenbei sorgt das Baiser auch für die perfekte Süße.

Für 12 Stücke • 40 Min. Zubereitung • 15 Min. Backen • 6 Std. 30 Min. Kühlen •
Pro Stück ca. 250 kcal, 6 g E, 16 g F, 20 g KH

ZITRONENTARTE MIT BAISER

AUS FRANKREICH

FÜR DEN TEIG
75 g Erythrit
1 Ei (M)
Salz
250 g Mehl
125 g kalte Butter

FÜR FÜLLUNG UND BAISER
2 Bio-Zitronen
150 g Erythrit
3 Eier (M)
30 g Mehl
20 g Speisestärke
500 ml Milch
40 g Butter

AUSSERDEM
Tarteform (28 cm ⌀)
Butter für die Form

GUT ZU WISSEN
Baiser bräunt schnell und erfordert ein aufmerksames Auge. Sowie die Baiserhaube an den Spitzen bräunt, müssen Sie die Tarte aus dem Ofen nehmen.

TEIG: Erythrit im Blitzhacker pulverisieren. Mit Ei und 1 Prise Salz in einer Schüssel verquirlen. Mehl und Butter in kleinen Würfeln zugeben und alles mit den Händen zügig zu einem glatten Teig verkneten. Den Teig zu einer Kugel formen, in Frischhaltefolie wickeln und mind. 30 Min. kühlen.

Den Backofen auf 180° vorheizen, die Form mit Butter einfetten. Den Teig in Größe der Form ausrollen, hineinlegen und mehrmals mit einer Gabel einstechen. Im Ofen (Mitte) in ca. 15 Min. hellbraun backen. In der Form abkühlen lassen.

FÜLLUNG: Zitronen heiß abwaschen und abtrocknen. Die Schale von 1 Frucht abreiben, beide Zitronen auspressen. Erythrit im Blitzhacker pulverisieren. Eier trennen, die Eigelbe mit 75 g pulverisiertem Erythrit in einer Schüssel mit dem Schneebesen verrühren. Mehl, Stärke und Zitronenschale einrühren. Milch in einem Topf erhitzen, bis sie dampft. Dann unter Rühren zur Eigelbmischung gießen. Die Mischung zurück in den Topf gießen und unter Rühren aufkochen, bis die Masse Blasen wirft. Sofort vom Herd nehmen, Butter und Zitronensaft einrühren und die Creme auf den Tarteboden gießen.

BAISER: Den Backofen mit Grillfunktion auf 220° vorheizen. Die Eiweiße steif schlagen, dabei das übrige pulverisierte Erythrit (75 g) einrieseln lassen. Das Baiser auf die Creme streichen und im Ofen (oben) in 2–3 Min. bräunen. Die Tarte herausnehmen, mind. 6 Std. kühlen, dann aus der Form lösen.

SÜSSE TEILCHEN

24 APFELMUFFINS
26 DONUTS MIT SCHOKOGLASUR
27 QUARKKRAPFEN
28 SCHOKO-CUPCAKES
30 AMERIKANER
31 MANDELBROWNIES
32 MOHNSCHNECKEN
35 NUSSSCHNECKEN MIT ZIMT
36 SPRITZKUCHEN
38 ECLAIRS MIT VANILLECREME
40 APFELTASCHEN

Für 12 Stück • 30 Min. Zubereitung • 30 Min. Backen • Pro Stück ca. 165 kcal, 5 g E, 7 g F, 22 g KH

APFELMUFFINS

HERBST-REZEPT

FÜR DIE FÜLLUNG
2 Äpfel (z. B. Fuji)
2 EL Erythrit
2 EL Zitronensaft
100 g Doppelrahm-Frischkäse

FÜR DEN TEIG
150 g Erythrit
150 g weiche Butter
3 Eier (M)
Salz
½ TL Zimtpulver
320 g Mehl
2 ½ TL Backpulver
75 g Crème fraîche

AUSSERDEM
12er-Muffinform
12 Muffin-Papierförmchen

FÜLLUNG: Äpfel schälen, achteln und entkernen. Die Achtel quer in je 3 Stücke schneiden und mit Erythrit und Zitronensaft in einen kleinen Topf geben. Bei mittlerer Hitze aufkochen und 4–5 Min. schmoren, dabei gelegentlich umrühren. Die Äpfel auf einem Teller abkühlen lassen.

TEIG: Den Backofen auf 180° vorheizen, die Papierförmchen in die Mulden der Muffinform setzen. Erythrit im Blitzhacker pulverisieren. Butter und pulverisiertes Erythrit in einer Rührschüssel mit dem Handrührgerät in ca. 2 Min. hellcremig rühren. Eier, 1 Prise Salz und Zimt einrühren. Mehl und Backpulver mischen. Die Hälfte davon auf die Eiermasse sieben und unterrühren. Die restliche Mehlmischung dann abwechselnd mit der Crème fraîche einrühren.

FERTIGSTELLEN: Ein Drittel vom Teig in die Förmchen füllen. Je 1 Apfelstück und ½ TL Frischkäse daraufgeben. Ein weiteres Teigdrittel darauf verteilen. Wieder je 1 Apfelstück und ½ TL Frischkäse daraufsetzen und den restlichen Teig darauf verteilen. Zuletzt je 2 Apfelstücke in die Muffins drücken.

Die Muffins im Ofen (Mitte) in ca. 30 Min. goldbraun backen. Herausnehmen, ca. 15 Min. ruhen lassen, dann aus der Form lösen und auf einem Kuchengitter abkühlen lassen.

Für 12 Stück • 40 Min. Zubereitung • 14 Min. Backen • 30 Min. Trocknen •
Pro Stück ca. 235 kcal, 6 g E, 12 g F, 27 g KH

DONUTS MIT SCHOKOGLASUR

AUS DEN USA

80 g Butter
210 g Erythrit
380 g Mehl
4 TL Backpulver
320 ml Milch
2 Eier (M)
½ TL gemahlene Vanille
Salz
80 g Zartbitter-Schokolade
  (70 % Kakaogehalt)

AUSSERDEM
12er-Donutform
2 TL Butter für die Form
Spritzbeutel mit großer
  Rundtülle

1 Den Backofen auf 175° vorheizen, die Mulden der Form mit Butter einfetten. 50 g Butter schmelzen, Erythrit im Blitzhacker pulverisieren. Mehl, Backpulver und 180 g pulverisiertes Erythrit in einer Rührschüssel mischen. Geschmolzene Butter, 300 ml Milch, Eier, Vanille und 1 Prise Salz verrühren. Zur Mehlmischung gießen und alles mit dem Handrührgerät in ca. 1 Min. zu einem geschmeidigen Teig verrühren.

2 Den Teig in den Spritzbeutel füllen und randvoll in die Mulden der Form spritzen. Die Donuts im Ofen (Mitte) 12–14 Min. backen. Herausnehmen, ca. 5 Min. abkühlen lassen, dann aus der Form lösen.

3 Schokolade fein hacken und mit der übrigen Butter (30 g) in einer Schüssel über dem heißen Wasserbad schmelzen. Restliches pulverisiertes Erythrit (30 g) und übrige Milch (20 ml) einrühren. Die Donuts mit der Oberseite in die Glasur tauchen und etwas hin- und herdrehen. Auf einem Kuchengitter in ca. 30 Min. trocknen lassen.

Für 15 Stück • 30 Min. Zubereitung • 12 Min. Frittieren • Pro Stück ca. 125 kcal, 5 g E, 5 g F, 14 g KH

QUARKKRAPFEN

FÜR FASCHING

90 g Erythrit
25 g Butter
250 g Magerquark
2 Eier (M)
4 Tropfen Butter-Vanille-Backaroma
280 g Mehl
1 Pck. Backpulver
500 g Frittierfett

1 Erythrit im Blitzhacker pulverisieren, Butter schmelzen. Geschmolzene Butter, Quark, Eier, 60 g pulverisiertes Erythrit und Backaroma in eine Rührschüssel geben und mit dem Handrührgerät zu einer glatten Masse verrühren. Mehl und Backpulver daraufsieben und alles mit den Händen zügig zu einem glatten Teig verkneten.

2 Das Frittierfett in einer Fritteuse oder in einem kleinen, hohen Topf auf 180° erhitzen. Es ist heiß genug, wenn an einem hineingetauchten Holzstäbchen Bläschen aufsteigen. Vom Teig esslöffelgroße Stücke abnehmen und mit angefeuchteten Händen zu Kugeln formen. Die Kugeln in Portionen (je 5 Stück) mit einem Holzkochlöffel vorsichtig in das heiße Fett gleiten lassen und in ca. 4 Min. goldbraun frittieren. Dabei mehrmals mit dem Kochlöffel wenden.

3 Die Krapfen herausheben und auf Küchenpapier entfetten. Noch warm mit dem restlichen pulverisierten Erythrit (30 g) bestäuben.

SÜSSE TEILCHEN

Für 12 Stück • 40 Min. Zubereitung • 22 Min. Backen • 45 Min. Kühlen •
Pro Stück ca. 185 kcal, 5 g E, 13 g F, 12 g KH

SCHOKO-CUPCAKES

FÜR GÄSTE

FÜR DEN TEIG
120 g Erythrit
4 Eier (M)
110 g Weizenmehl (Type 550)
10 g Kakaopulver
50 g Sahne
100 g TK-Himbeeren

FÜR DAS TOPPING
80 g weiße Schokolade
150 g Doppelrahm-Frischkäse
50 g weiche Butter
1 EL gehackte Pistazien

AUSSERDEM
12er-Muffinform
12 Muffin-Papierförmchen
Spritzbeutel mit großer Rundtülle

GUT ZU WISSEN
Besonders hübsch sehen die Cupcakes aus, wenn sie zusätzlich mit 1 EL gefriergetrockneten Himbeeren bestreut werden. Die Himbeeren dafür zerbröseln und mit den Pistazien aufstreuen.

TEIG: Den Backofen auf 170° vorheizen, die Papierförmchen in die Mulden der Muffinform setzen. Erythrit im Blitzhacker pulverisieren. Eier trennen, die Eiweiße in einer Rührschüssel mit dem Handrührgerät schaumig aufschlagen. Ca. 1 Min. weiterschlagen, dabei das pulverisierte Erythrit einrieseln lassen. Die Eigelbe einrühren, bis sie sich vollständig mit dem Eischnee verbunden haben. Mehl und Kakao daraufsieben und mit einem Küchenspatel unterheben.

Ein Drittel der Masse abnehmen und in einer zweiten Schüssel mit der Sahne verrühren. Die Sahnemasse behutsam unter die Eiweißmasse heben, bis ein lockerer Teig entsteht. Zwei Drittel davon in die Förmchen füllen und je 3–4 Himbeeren hineindrücken. Den restlichen Teig darauf verteilen. Die Muffins im Ofen (Mitte) 20–22 Min. backen. Herausnehmen, aus der Form lösen und auf einem Kuchengitter abkühlen lassen.

TOPPING: Inzwischen die Schokolade fein hacken und über einem heißen Wasserbad schmelzen. Sobald die Schokolade zu schmelzen beginnt, vom Wasserbad nehmen und unter Rühren ganz schmelzen lassen. Frischkäse in einer Schüssel glatt rühren. Zuerst die geschmolzene Schokolade in zwei Portionen, dann die Butter einrühren. Die Creme in den Spritzbeutel füllen und auf die Cupcakes spritzen. Mit den Pistazien bestreuen und ca. 45 Min. kühlen.

Für 12 Stück • 30 Min. Zubereitung • 30 Min. Backen • Pro Stück ca. 165 kcal, 4 g E, 8 g F, 18 g KH

AMERIKANER

KLASSIKER

180 g Erythrit
100 g weiche Butter
½ TL gemahlene Vanille
Salz
2 Eier (M)
1 Pck. Vanillepuddingpulver
250 g Mehl
3 TL Backpulver
80 ml Milch
1 Eiweiß (M)
2 EL Zitronensaft

1 Den Backofen auf 160° vorheizen, zwei Backbleche mit Backpapier belegen. Erythrit im Blitzhacker pulverisieren.

2 Butter, 100 g pulverisiertes Erythrit, Vanille und 1 Prise Salz mit dem Handrührgerät in ca. 2 Min. hellcremig rühren. Eier einzeln einrühren. Puddingpulver, Mehl und Backpulver mischen und abwechselnd mit der Milch unterrühren. Den Teig mit einem Esslöffel mit ausreichend Abstand in 12 Häufchen auf die Bleche setzen. Diese mit einem angefeuchteten Messer rund in Form schieben. Nacheinander im Ofen (Mitte) in je ca. 15 Min. hellbraun backen. Herausnehmen und auf einem Kuchengitter ca. 5 Min. abkühlen lassen.

3 Inzwischen das Eiweiß in einer Schüssel mit dem Schneebesen schaumig rühren. Übriges pulverisiertes Erythrit (80 g) und Zitronensaft zugeben und zu einem dickflüssigen Guss verrühren. Die Amerikaner auf der Unterseite dick damit bestreichen und trocknen lassen.

Für 20 Stück • 30 Min. Zubereitung • 20 Min. Backen • Pro Stück ca. 190 kcal, 4 g E, 15 g F, 11 g KH

MANDELBROWNIES

AUS DEN USA

230 g Zartbitter-Schokolade
 (70 % Kakaogehalt)
170 g Butter
260 g Erythrit
4 Eier (M)
1 TL gemahlene Vanille
180 g Mehl
1 TL Backpulver
50 g gehackte Mandeln
Salz

AUSSERDEM
quadratische Backform
 (25 × 25 cm)
Butter für die Form

1 Den Backofen auf 180° vorheizen, die Form mit Butter einfetten. Schokolade hacken und mit der Butter in einer Schüssel über dem heißen Wasserbad schmelzen. Erythrit im Blitzhacker pulverisieren.

2 Pulverisiertes Erythrit, Eier und Vanille in eine Rührschüssel geben und mit den Rührbesen des Handrührgeräts in ca. 2 Min. hellschaumig rühren. Die Schokobutter einrühren. Mehl und Backpulver daraufsieben. Mandeln und 1 Prise Salz zufügen und alles mit einem Küchenspatel zügig zu einem cremigen Teig verrühren.

3 Den Teig in die Form füllen und gleichmäßig verstreichen. Im Ofen (Mitte) 15–20 Min. backen. Sobald sich die Ränder braun färben, die Stäbchenprobe machen. Dabei darf noch etwas Teig am Holzstäbchen kleben. Den Kuchen dann aus dem Ofen nehmen, abkühlen lassen und in Stücke schneiden.

Für 20 Stück • 30 Min. Zubereitung • 1 Std. Kühlen • 30 Min. Backen • Pro Stück ca. 215 kcal, 7 g E, 15 g F, 13 g KH

MOHNSCHNECKEN

FÜRS BÜFETT

FÜR DIE FÜLLUNG
500 ml Milch
250 g gemahlener Blaumohn
100 g Erythrit
1 Pck. Vanillepuddingpulver
1 EL Butter

FÜR DEN TEIG
250 g Mehl
Salz
1 TL Backpulver
250 g Magerquark
200 g weiche Butter

FÜR DEN GUSS
50 g Erythrit
1 Eiweiß (M)
1 EL Zitronensaft

AUSSERDEM
Mehl zum Arbeiten

FÜLLUNG: In einem Topf 400 ml Milch, Mohn und Erythrit bei kleiner bis mittlerer Hitze aufkochen. Puddingpulver und restliche Milch (100 ml) glatt verrühren. Das angerührte Puddingpulver in die heiße Milch rühren und ca. 1 Min. kochen lassen. Vom Herd nehmen und die Butter einrühren. Die Masse in eine Schale füllen, mit Frischhaltefolie abdecken und bei Raumtemperatur abkühlen lassen.

TEIG: Mehl, 1 Prise Salz und Backpulver in eine Rührschüssel sieben. Quark und Butter zugeben und alles mit den Händen zu einem geschmeidigen Teig verkneten. Den Teig in Frischhaltefolie wickeln und ca. 1 Std. kühlen.

Den Backofen auf 180° vorheizen, zwei Backbleche mit Backpapier belegen. Den Teig auf der bemehlten Arbeitsfläche zu einem Rechteck (40 × 30 cm) ausrollen. Die Mohnmasse gleichmäßig daraufstreichen und von der Längsseite her aufrollen. Die Rolle in ca. 3 cm dicke Scheiben schneiden und auf den Blechen verteilen. Die Schnecken nacheinander im Ofen (Mitte) in je ca. 15 Min. hellbraun backen.

GUSS: Inzwischen das Erythrit im Blitzhacker pulverisieren. Eiweiß in einer Schüssel mit dem Schneebesen schaumig rühren. Pulverisiertes Erythrit und Zitronensaft zugeben und zu einem Guss verrühren. Die Schnecken aus dem Ofen nehmen, mit dem Guss besprenkeln und abkühlen lassen.

GU CLOU

Für gewöhnlich werden Gebäckschnecken aus Hefeteig gemacht. Da die Hefe das Erythrit aber nicht verwerten kann, gelingt auch kein Hefeteig mit Erythrit. Daher die Alternative mit Quark-Öl-Teig, der sich auch prima zu Schnecken aufrollen lässt.

Für 12 Stück • 30 Min. Zubereitung • 15 Min. Backen • Pro Stück ca. 260 kcal, 7 g E, 16 g F, 21 g KH

NUSSSCHNECKEN MIT ZIMT

KLASSIKER

FÜR DIE FÜLLUNG
65 g Erythrit
200 g gemahlene Haselnusskerne
2 EL Zitronensaft
5 EL Milch
1 TL Zimtpulver

FÜR DEN TEIG
80 g Erythrit
150 g Magerquark
1 Ei (M)
3 EL Milch
6 EL Rapsöl
Salz
300 g Mehl
1 Pck. Backpulver

AUSSERDEM
3 EL Erythrit

FÜLLUNG: Das Erythrit im Blitzhacker pulverisieren. Mit Haselnüssen, Zitronensaft, Milch und Zimt in eine Rührschüssel geben und mit den Rührbesen des Handrührgeräts zu einer geschmeidigen Masse verrühren.

TEIG: Den Backofen auf 180° vorheizen, ein Backblech mit Backpapier belegen. Erythrit im Blitzhacker pulverisieren. Mit Quark, Ei, Milch, Öl und 1 Prise Salz in eine Schüssel geben und mit dem Handrührgerät ca. 1 Min. verrühren. Mehl und Backpulver darübersieben und unterkneten. Den Teig halbieren und jede Portion zu einem Quadrat (18 × 18 cm) ausrollen.

Die Quadrate mit der Nussmasse bestreichen und von einer Seite her aufrollen. Die Rollen in je 6 Scheiben schneiden, auf das Blech legen und im Ofen (Mitte) ca. 15 Min. backen. Die Schnecken auf einem Kuchengitter abkühlen lassen.

FERTIGSTELLEN: Das Erythrit im Blitzhacker sehr fein pulverisieren. Die Schnecken damit bestäuben und servieren.

GUT ZU WISSEN
Zum Bestreuen muss das Erythrit besonders fein sein. Pulverisieren Sie es im Blitzhacker und sieben sie es zusätzlich durch. Im Sieb verbleibende Reste erneut pulverisieren.

SÜSSE TEILCHEN

Für 6 Stück • 40 Min. Zubereitung • 8 Min. Frittieren • Pro Stück ca. 290 kcal, 7 g E, 20 g F, 19 g KH

SPRITZKUCHEN

WINTER-REZEPT

FÜR DEN TEIG
80 g Butter
Salz
160 g Mehl
3 Eier (M)

FÜR DEN GUSS
80 g Erythrit
1 Eiweiß (M)
2 EL Zitronensaft

AUSSERDEM
700 g Frittierfett
Öl zum Arbeiten
Spritzbeutel mit großer Sterntülle

> **GUT ZU WISSEN**
> Der Teig schmeckt neutral, da er ohne Erythrit und andere Aromen ist. Deshalb nimmt auch das Frittierfett keinen Geschmack an. Gießen Sie es nach dem Frittieren durch einen Kaffeefilter, so können Sie es nochmals zum Frittieren oder zum Braten verwenden.

TEIG: Butter, 260 ml Wasser und 1 Prise Salz in einem Topf bei mittlerer Hitze aufkochen. Mehl mit einem Küchenspatel einrühren, bis eine gebundene Masse entsteht. Den Teig in eine Rührschüssel füllen und ca. 10 Min. abkühlen lassen. Dann die Eier einzeln mit dem Handrührgerät unterrühren.

FRITTIEREN: Das Frittierfett in einer Fritteuse oder einem weiten Topf auf 180° erhitzen. Es ist heiß genug, wenn an einem hineingetauchten Holzstäbchen Bläschen aufsteigen. Inzwischen aus Backpapier sechs Quadrate (10 × 10 cm) schneiden und mit etwas Öl bestreichen. Den Teig in den Spritzbeutel füllen und auf jedes Quadrat einen doppelten Kringel (7 cm Ø) spritzen. Dafür einen Kreis aufspritzen und ohne Abzusetzen einen zweiten Kreis daraufsetzen.

Die Kringel portionsweise (je 3 Stück) vom Papier in das heiße Fett gleiten lassen und von jeder Seite in 3–4 Min. goldgelb frittieren. Mit einer Schaumkelle herausheben und durch Küchenpapier abtropfen lassen.

GUSS: Erythrit im Blitzhacker pulverisieren. Eiweiß und Zitronensaft mit dem Schneebesen schaumig schlagen. Das pulverisierte Erythrit zugeben und zu einem glatten Guss verrühren. Die Spritzkuchen mit der Hälfte davon bestreichen und ca. 10 Min. trocknen lassen. Den restlichen Guss auftragen.

ECLAIRS MIT VANILLECREME

FÜR GÄSTE

Für 10 Stück • 1 Std. Zubereitung • 30 Min. Backen • Pro Stück ca. 280 kcal, 8 g E, 20 g F, 18 g KH

FÜR DIE VANILLECREME
80 g Erythrit
5 Eigelb (M)
40 g Speisestärke
500 ml Milch
2 TL gemahlene Vanille
60 g Butter

FÜR DEN TEIG
80 g Butter
160 ml Milch
Salz
150 g Mehl
4 Eier (M)

AUSSERDEM
Spritzbeutel mit großer Sterntülle
Spritzbeutel mit Rundtülle

> **TAUSCH-TIPP**
> Statt mit Vanillecreme können Sie die Eclairs auch mit 250 g gesüßter Schlagsahne und Himbeeren füllen. Dafür die Eclairs waagerecht halbieren und die Schlagsahne mit einem Spritzbeutel mit Sterntülle auf die Böden spritzen. Je 5 Himbeeren darauflegen und die Deckel aufsetzen.

VANILLECREME: Das Erythrit im Blitzhacker pulverisieren. Mit den Eigelben in einer Schüssel verrühren. Die Speisestärke einrühren. Milch mit Vanille in einem Topf erhitzen, bis sie dampft. Die Vanillemilch dann unter Rühren in einem dünnen Strahl zur Eigelbmischung gießen (Bild 1). Die Mischung zurück in den Topf gießen und unter Rühren aufkochen, bis die Masse Blasen wirft (Bild 2). Sofort in eine Schüssel umfüllen und die Butter in kleinen Stücken einrühren. Die Creme mit Frischhaltefolie abdecken und kühlen.

TEIG: Den Backofen auf 180° vorheizen, ein Backblech mit Backpapier belegen. Butter, Milch und 1 Prise Salz in einem Topf bei mittlerer Hitze aufkochen. Das Mehl mit einem Küchenspatel einrühren, bis eine gebundene Masse entsteht (Bild 3). Den Teig in eine Rührschüssel umfüllen und ca. 10 Min. abkühlen lassen. Dann die Eier einzeln mit dem Handrührgerät unterrühren.

Den Teig in den Spritzbeutel mit Sterntülle füllen und mit reichlich Abstand 8–10 Streifen (ca. 10 cm lang) auf das Blech spritzen (Bild 4). Die Streifen im Ofen (Mitte) in 25–30 Min. knusprig goldbraun backen. Die Eclairs herausnehmen und auf einem Kuchengitter abkühlen lassen.

FERTIGSTELLEN: Mit der Rundtülle je drei Löcher in die Unterseite der Eclairs stechen (Bild 5). Die Vanillecreme glatt rühren, in den Spritzbeutel mit Rundtülle füllen und durch die Löcher gleichmäßig in die Eclairs spritzen (Bild 6).

SÜSSE TEILCHEN

Für 9 Stück • 35 Min. Zubereitung • 30 Min. Ruhen • 25 Min. Backen • Pro Stück ca. 220 kcal, 8 g E, 7 g F, 33 g KH

APFELTASCHEN

HERBST-REZEPT

FÜR DIE FÜLLUNG
500 g Äpfel (z. B. Fuji)
50 g Erythrit
25 g Vanillepuddingpulver
1 TL Zimtpulver
Salz

FÜR DEN TEIG
75 g Erythrit
150 g Magerquark
4 EL Milch
4 EL Sonnenblumenöl
2 Eier (M)
330 g Mehl
3 TL Backpulver

AUSSERDEM
Mehl zum Arbeiten

FÜLLUNG: Äpfel schälen, vierteln und entkernen. Die Viertel in 1 cm große Stücke schneiden und in einem flachen Topf oder einer Pfanne mit dem Erythrit mischen. Ca. 30 Min. ziehen lassen. Danach Puddingpulver, Zimt und 1 Prise Salz einrühren und bei mittlerer Hitze unter Rühren erhitzen. Wenn der Pudding bindet, noch ca. 2 Min. weiterrühren. Vom Herd nehmen und ca. 15 Min. abkühlen lassen.

TEIG: Erythrit im Blitzhacker pulverisieren. Mit Quark, Milch, Öl und 1 Ei in einer Rührschüssel mit einem Schneebesen glatt rühren. Mehl und Backpulver daraufsieben und alles mit den Händen zu einem festen Teig verkneten. Den Teig zu einer Kugel formen und abgedeckt ca. 15 Min. ruhen lassen.

FERTIGSTELLEN: Inzwischen den Backofen auf 180° vorheizen, ein Backblech mit Backpapier belegen. Den Teig auf der bemehlten Arbeitsfläche flach drücken, mit Mehl bestäuben und zu einem Quadrat (36 × 36 cm) ausrollen. Dieses in 9 kleinere Quadrate (12 × 12 cm) schneiden.

Das übrige Ei trennen. Die Ränder der Quadrate mit dem Eiweiß bestreichen, je 1 ½ EL Füllung auf eine Teighälfte geben, die andere Hälfte darüberklappen und den Rand andrücken. Die Taschen dreimal schräg einritzen. Eigelb und 1 EL Wasser glatt rühren und die Taschen damit bestreichen. Die Taschen auf das Blech legen und im Ofen (Mitte) in ca. 25 Min. goldbraun backen. Herausnehmen und abkühlen lassen.

KEKSE RUND UMS JAHR

44 DOPPELDECKER MIT MINZCREME

46 PISTAZIEN-STREUSEL

47 SPRITZGEBÄCK OHNE PRESSE

48 PEKANNUSS-ZIMT-PLÄTZCHEN

49 SCHNEEFLOCKEN

51 MATCHA-SWIRLS

52 VANILLE-QUARK-HALBMONDE

53 BUTTERKEKSE

54 ERDNUSS-MANDEL-RIEGEL

56 ENGELSAUGEN

57 KOKOSMAKRONEN

59 HIMBEERKEKSE MIT MANDELN

Für 30 Stück • 35 Min. Zubereitung • 30 Min. Backen • 8 Std. Kühlen • Pro Stück ca. 130 kcal, 3 g E, 10 g F, 7 g KH

DOPPELDECKER MIT MINZCREME

FÜR GÄSTE

FÜR DIE MINZCREME
100 g Erythrit
½ Avocado
100 g Doppelrahm-Frischkäse
2 EL Speisestärke
2 EL naturreines Minzöl (Apotheke)

FÜR DEN TEIG
200 g Erythrit
225 g weiche Butter
Salz
2 Eier (M)
250 g Mehl
150 g Kakaopulver
½ TL Backpulver

AUSSERDEM
Ausstecher (Kreis, 4 cm)
Spritzbeutel mit mittelgroßer Rundtülle

MINZCREME: Erythrit im Blitzhacker pulverisieren. Avocado entkernen und das Fruchtfleisch aus der Schale lösen. Avocado, pulverisiertes Erythrit, Frischkäse, Stärke und Minzöl in einen Rührbecher geben und mit dem Pürierstab fein mixen. Die Creme abdecken und mind. 2 Std. kühlen.

TEIG: Inzwischen Erythrit im Blitzhacker pulverisieren. Mit Butter und ½ TL Salz in einer Rührschüssel mit dem Handrührgerät in ca. 2 Min. hellcremig rühren. Eier einrühren. Mehl, Kakao und Backpulver daraufsieben und alles mit den Händen zu einem glatten Teig verkneten. Den Teig zu einem Rechteck formen, in Frischhaltefolie wickeln und mind. 1 Std kühlen.

Den Backofen auf 160° vorheizen, zwei Backbleche mit Backpapier belegen. Den Teig vierteln. Die Viertel zwischen zwei Bögen Backpapier 5 mm dick ausrollen und Kreise ausstechen. Teigreste zusammenkneten, erneut ausrollen und ausstechen. Die Kekse nacheinander im Ofen (Mitte) je ca. 15 Min. backen. Auf einem Kuchengitter auskühlen lassen.

FERTIGSTELLEN: Die Minzcreme in den Spritzbeutel füllen und auf die Hälfte der Kekse spritzen. Die restlichen Kekse auflegen, leicht andrücken und die Creme so bis zum Rand schieben. Die Doppeldecker mind. 6 Std. kühlen und am besten innerhalb von 2 Tagen genießen.

Für 15 Stück • 25 Min. Zubereitung • 30 Min. Backen • Pro Stück ca. 155 kcal, 3 g E, 12 g F, 10 g KH

PISTAZIEN-STREUSEL

SCHNELL

100 g Erythrit
100 g Pistazienkerne
  (ungesalzen)
½ Bio-Orange
150 g Mehl
Salz
1 TL gemahlener Kardamom
125 g weiche Butter
50 g Zartbitter-Schokotropfen

1 Den Backofen auf 150° vorheizen, zwei Backbleche mit Backpapier belegen. Erythrit im Blitzhacker pulverisieren. Pistazienkerne zugeben und fein mahlen. Orange heiß abwaschen, abtrocknen und die Schale abreiben.

2 Erythrit-Pistazien-Mischung, Orangenschale, Mehl, ½ TL Salz, Kardamom und Butter in eine Rührschüssel geben. Alles zwischen den Händen zügig zu Streuseln verreiben. Schokotropfen zufügen und locker mit den Streuseln vermischen.

3 Jeweils 2 EL Streusel als Häufchen auf die Backbleche setzen. Mit den Händen etwas zusammenschieben und zu runden Keksen formen. Die Kekse nacheinander im Ofen (Mitte) je ca. 15 Min. backen, bis die Ränder leicht bräunen. Herausnehmen und abkühlen lassen.

Für 40 Stück • 40 Min. Zubereitung • 30 Min. Backen • Pro Stück ca. 95 kcal, 1 g E, 7 g F, 7 g KH

SPRITZGEBÄCK OHNE PRESSE

KLASSIKER

½ Bio-Zitrone
80 g Erythrit
240 g weiche Butter
1 Ei (M)
2 Eigelb (M)
280 g Mehl
15 g Speisestärke
Salz
150 g Zartbitter-Schokolade
   (70 % Kakaogehalt)

AUSSERDEM
Spritzbeutel mit mittelgroßer
   Sterntülle

1 Zitrone heiß abwaschen, abtrocknen und die Schale abreiben. Erythrit im Blitzhacker pulverisieren. 220 g Butter, Zitronenschale und pulverisiertes Erythrit in einer Rührschüssel mit dem Handrührgerät in ca. 2 Min. hellcremig rühren. Nacheinander Ei und Eigelbe einrühren. Mehl, Stärke und 1 Prise Salz zügig auf höchster Stufe unterrühren.

2 Den Backofen auf 170° vorheizen, zwei Backbleche mit Backpapier belegen. Den Teig in den Spritzbeutel füllen und Stangen, Schlangen oder Ringe auf die Bleche spritzen. Nacheinander im Ofen (Mitte) in je 12–15 Min. hellgelb backen. Herausnehmen, mit dem Papier vom Blech ziehen und auf einem Kuchengitter auskühlen lassen.

3 Schokolade fein hacken und mit der restlichen Butter (20 g) in einer Schüssel über einem heißen Wasserbad schmelzen. Das Spritzgebäck zu einem Drittel hineintauchen und trocknen lassen.

Für 40 Stück • 30 Min. Zubereitung • 30 Min. Kühlen • 30 Min. Backen • Pro Stück ca. 80 kcal, 1 g E, 6 g F, 5 g KH

PEKANNUSS-ZIMT-KEKSE

EINFACH

120 g Erythrit
75 g Pekannusskerne
250 g Mehl
125 g Butter
1 Ei (M)
1 TL Zimtpulver
½ TL gemahlene Vanille
Salz

AUSSERDEM
3 EL Erythrit
2 EL Zimtpulver
20 Pekannusskernhälften

1 Erythrit im Blitzhacker pulverisieren. Danach die Nüsse im Blitzhacker fein mahlen. Pulverisiertes Erythrit, Nüsse, Mehl, Butter, Ei, Zimt, Vanille und 1 Prise Salz mit den Händen zu einem geschmeidigen Teig verkneten. Den Teig dritteln und zu Rollen formen. Diese in Frischhaltefolie wickeln und mind. 30 Min. kühlen.

2 Den Backofen auf 160° vorheizen, zwei Backbleche mit Backpapier belegen. 3 EL Erythrit und Zimt in einem tiefen Teller mischen. Die Teigrollen in 40 Stücke schneiden und zwischen den Handflächen zu Kugeln formen. Die Teigkugeln in die Erythrit-Zimt-Mischung legen und auf ca. 1 cm flach drücken. Dann mit der Zimt-Seite nach oben mit ausreichend Abstand auf die Bleche legen.

3 Die Nüsse halbieren und 1 Hälfte in jeden Keks drücken. Die Kekse nacheinander im Ofen (Mitte) je ca. 15 Min. backen. Herausnehmen und auf einem Kuchengitter auskühlen lassen.

Für 35 Stück • 20 Min. Zubereitung • 30 Min. Kühlen • 10 Min. Backen • Pro Stück ca. 70 kcal, 0 g E, 5 g F, 7 g KH

SCHNEEFLOCKEN

FÜR WEIHNACHTEN

100 g Erythrit
200 g weiche Butter
200 g Speisestärke
80 g Mehl
½ TL gemahlene Vanille

1 Ein Backblech mit Backpapier belegen. Erythrit im Blitzhacker pulverisieren. Butter, Speisestärke, Mehl, Vanille und 80 g pulverisiertes Erythrit in eine Schüssel geben und mit den Händen zu einem geschmeidigen Teig verkneten.

2 Aus dem Teig 35 Kugeln formen und mit ausreichend Abstand auf das Backblech legen. Die Kugeln mit einer Gabel auf ca. 5 mm flach drücken, sodass ein Abdruck der Zinken entsteht. Die Kugeln auf dem Backblech ca. 30 Min. kühlen.

3 Den Backofen auf 160° vorheizen. Die Kekse im Ofen (Mitte) in ca. 10 Min. hell backen. Dabei nach ca. 8 Min. die Bräunung kontrollieren, die Kekse dürfen keine Farbe annehmen. Sollten sie vor Ende der Backzeit bräunen, sofort aus dem Ofen nehmen. Die Schneeflocken auf einem Kuchengitter abkühlen lassen. Mit dem restlichen pulverisierten Erythrit (20 g) bestäuben.

Für 35 Stück • 40 Min. Zubereitung • 2 Std. Kühlen • 50 Min. Backen • Pro Stück ca. 60 kcal, 1 g E, 4 g F, 5 g KH

MATCHA-SWIRLS

JAPANISCH

FÜR DEN TEIG
80 g Erythrit
250 g Mehl
1 TL Backpulver
1 Ei (M)
125 g weiche Butter
1 EL Matcha-Pulver

FÜR DIE GARNITUR
40 g Pistazienkerne (ungesalzen)
1 Eiweiß (M)

TAUSCH-TIPP
Kein Matcha-Pulver zur Hand? Dann tauschen Sie es einfach gegen 1 EL Kakaopulver aus. So backen Sie im Handumdrehen feine Schoko-Swirls.

TEIG: Erythrit im Blitzhacker pulverisieren. Erythrit, Mehl und Backpulver in eine Schüssel sieben. Ei und Butter zugeben und alles mit den Händen zu einem geschmeidigen Teig verkneten. Den Teig halbieren. Das Matcha-Pulver unter eine Hälfte kneten, bis der Teig durchgängig grün gefärbt ist. Beide Teighälften zu gleich großen Rechtecken formen, in Frischhaltefolie wickeln und ca. 1 Std. kühlen.

Die Teigstücke danach zwischen zwei Bögen Backpapier zu Rechtecken (35 × 25 cm) ausrollen. Den grünen Teig auf dem Papier belassen und den hellen Teig darauflegen. Von der Längsseite her aufrollen und dabei gut andrücken.

GARNITUR: Pistazien fein hacken und auf einen Teller streuen. Die Teigrollen quer halbieren und rundum mit Eiweiß bepinseln. Dann in den Pistazien wälzen, bis sie rundum überzogen sind. Die Rollen nochmals ca. 1 Std. kühlen.

FERTIGSTELLEN: Den Backofen auf 150° vorheizen, zwei Backbleche mit Backpapier belegen. Die Teigrollen in ca. 1 cm dicke Scheiben schneiden und auf die Bleche legen. Nacheinander im Ofen (Mitte) in je 20–25 Min. hell backen. Herausnehmen, mit dem Papier vom Blech ziehen und auf einem Kuchengitter abkühlen lassen.

Für 30 Stück • 30 Min. Zubereitung • 1 Std. Kühlen • 15 Min. Backen • Pro Stück ca. 60 kcal, 2 g E, 4 g F, 6 g KH

VANILLE-QUARK-HALBMONDE

GÜNSTIG

220 g Mehl
½ TL Backpulver
200 g Magerquark
125 g weiche Butter
1 TL gemahlene Vanille
60 g Erythrit

AUSSERDEM
Mehl zum Arbeiten
Ausstecher (Kreis, 4 cm)

1 Mehl und Backpulver in eine Rührschüssel sieben. Quark, Butter und ½ TL Vanille zugeben und alles mit den Händen zügig zu einem geschmeidigen Teig verkneten. Den Teig zu einer Kugel formen, in Frischhaltefolie wickeln und ca. 1 Std. kühlen.

2 Den Backofen auf 180° vorheizen, ein Backblech mit Backpapier belegen. Restliche Vanille (½ TL) und Erythrit mischen. Den Teig auf der bemehlten Arbeitsfläche ca. 4 mm dick ausrollen und Kreise ausstechen. Auf jeden Kreis ½ TL Vanille-Erythrit geben und zu einem Halbmond zusammenklappen. Die Ränder mit den Zinken einer Gabel leicht zusammendrücken, sodass ein Muster entsteht. Die Halbmonde auf das Backblech legen. Teigreste zusammenkneten, erneut ausrollen, ausstechen und zu Halbmonden falten.

3 Die Plätzchen im Ofen (Mitte) in ca. 15 Min zart hellbraun backen. Herausnehmen und auf einem Kuchengitter auskühlen lassen.

Für 35 Stück • 30 Min. Zubereitung • 30 Min. Kühlen • 40 Min. Backen • Pro Stück ca. 95 kcal, 1 g E, 6 g F, 9 g KH

BUTTERKEKSE

KLASSIKER

120 g Erythrit
250 g weiche Butter
450 g Mehl
Salz
½ TL gemahlene Vanille

AUSSERDEM
gewellter Ausstecher (Quadrat, 5 × 5 cm)

1 Das Erythrit im Blitzhacker pulverisieren. Butter und pulverisiertes Erythrit in einer Rührschüssel mit dem Handrührgerät in ca. 2 Min. hellcremig rühren. Mehl, ½ TL Salz und Vanille zugeben und alles mit den Händen zu einem geschmeidigen Teig verkneten. Den Teig in Frischhaltefolie wickeln und mind. 30 Min. kühlen.

2 Den Backofen auf 180° vorheizen, zwei Backbleche mit Backpapier belegen. Den Teig zwischen zwei Bögen Backpapier ca. 5 mm dick ausrollen. Quadrate ausstechen und auf die Bleche legen. Mit einem Zahnstocher oder einer Gabel in regelmäßigem Abstand kleine Löcher in die Kekse stechen.

3 Die Butterkekse nacheinander im Ofen (Mitte) je 15–20 Min. backen. Herausnehmen, mit dem Papier vom Backblech ziehen und auf einem Kuchengitter auskühlen lassen.

Für 30 Stück • 35 Min. Zubereitung • 20 Min. Backen • 2 Std. Kühlen • Pro Stück ca. 130 kcal, 3 g E, 12 g F, 2 g KH

ERDNUSS-MANDEL-RIEGEL

LOW CARB

FÜR DEN TEIG
60 g Erythrit
170 g gemahlene gehäutete Mandeln
60 g weiche Butter
Salz

FÜR DEN BELAG
60 g Erythrit
170 g Erdnussbutter (ungesüßt)
60 g Butter
60 g Sahne
1 TL Butter-Vanille-Backaroma

FÜR DIE GLASUR
80 g Zartbitter-Schokolade (70 % Kakaogehalt)
2 EL Butter

AUSSERDEM
quadratische Backform (20 × 20 cm, ersatzweise Backrahmen)

TEIG: Den Backofen auf 170° vorheizen, die Form mit Backpapier auslegen. Erythrit im Blitzhacker pulverisieren. Mit Mandeln, Butter und 1 Prise Salz in einer Rührschüssel mit dem Handrührgerät auf kleiner Stufe zu einem geschmeidigen Teig verrühren. Den Teig gleichmäßig auf dem Formboden verstreichen und im Ofen (Mitte) in ca. 20 Min. goldbraun backen. Herausnehmen und in der Form abkühlen lassen.

BELAG: Erythrit im Blitzhacker pulverisieren. Erdnussbutter und Butter in einer Schüssel über einem heißen Wasserbad schmelzen. Vom Wasserbad nehmen und glatt rühren. Pulverisiertes Erythrit, Sahne und Aroma einrühren. Die Erdnussmasse auf dem Boden verteilen und mind. 1 Std. kühlen.

GLASUR: Schokolade fein hacken und mit der Butter in einer Schüssel über dem heißen Wasserbad schmelzen. Die Schokobutter glatt rühren, gleichmäßig auf die Erdnussmasse streichen und erneut ca. 1 Std. kühlen.

Danach den Boden mithilfe des Backpapiers aus der Form heben und auf ein Küchenbrett legen. Den Boden dritteln und jedes Drittel in 10 Streifen (ca. 7 × 2 cm) schneiden. Zum Aufbewahren in eine gut schließende Dose schichten und im Kühlschrank lagern. So sind die Riegel ca. 1 Woche haltbar.

Für 30 Stück • 35 Min. Zubereitung • 2 Std. Kühlen • 15 Min. Backen • 8 Std. Trocknen •
Pro Stück ca. 60 kcal, 1 g E, 4 g F, 5 g KH

ENGELSAUGEN

FÜR WEIHNACHTEN

50 g Erythrit
100 g weiche Butter
1 Eigelb (M)
½ TL gemahlene Vanille
Salz
150 g Mehl
50 g gemahlene Haselnusskerne
80 g Johannisbeerfruchtaufstrich ohne Zucker

1 Erythrit im Blitzhacker pulverisieren. Mit der Butter in eine Schüssel geben und mit einem Schneebesen glatt rühren. Eigelb, Vanille und 1 Prise Salz einrühren. Mehl daraufsieben, Haselnüsse zufügen und alles mit den Händen zu einem geschmeidigen Teig verkneten. Den Teig zu einer Kugel formen und zugedeckt ca. 2 Std. kühlen.

2 Den Backofen auf 200° vorheizen, ein Backblech mit Backpapier belegen. Den Teig zu einer Rolle formen und in 30 Scheiben schneiden. Diese zwischen den Händen zu Kugeln formen. Die Teigkugeln auf das Blech setzen und mit einem Kochlöffelstiel eine ca. 1 cm tiefe Mulde hineindrücken. Im Ofen (Mitte) 12–15 Min. backen. Herausnehmen und auf einem Kuchengitter auskühlen lassen.

3 Den Fruchtaufstrich in einem kleinen Topf erwärmen und in die Mulden füllen. In ca. 8 Std. (am besten über Nacht) trocknen lassen.

Für 20 Stück • 35 Min. Zubereitung • 15 Min. Backen • Pro Stück ca. 55 kcal, 1 g E, 5 g F, 1 g KH

KOKOSMAKRONEN

LOW CARB

35 g Erythrit
2 Eiweiß (M)
¼ TL gemahlene Vanille
Salz
130 g Kokosraspel
50 g Zartbitter-Schokolade
  (70 % Kakaogehalt)

1 Den Backofen auf 160° vorheizen, ein Backblech mit Backpapier belegen. Erythrit im Blitzhacker pulverisieren.

2 Eiweiße, Vanille und 1 Prise Salz in eine Rührschüssel geben. Mit den Rührbesen des Handrührgeräts zu festem Schaum, aber nicht ganz steif schlagen. Den Eischnee weiterschlagen und dabei das pulverisierte Erythrit esslöffelweise zufügen. Zuletzt die Kokosraspel mit einem Küchenspatel unterheben. Von der Masse mit zwei Teelöffeln 20 Portionen abnehmen und als Häufchen auf das Blech setzen. Die Makronen im Ofen (Mitte) ca. 15 Min. backen, bis sie leicht bräunen. Herausnehmen und auf dem Blech abkühlen lassen.

3 Die Schokolade fein hacken und in einer Schüssel über einem heißen Wasserbad schmelzen. Die Makronen mit der Unterseite hineintauchen, wieder auf das Blech setzen und trocknen lassen.

Für 20 Stück • 35 Min. Zubereitung • 12 Min. Backen • Pro Stück ca. 110 kcal, 3 g E, 9 g F, 4 g KH

HIMBEERKEKSE MIT MANDELN

SOMMER-REZEPT

FÜR DIE FÜLLUNG

50 g Erythrit
100 g Himbeeren (ersatzweise TK-Himbeeren)
1 Ei (M)
100 g Doppelrahm-Frischkäse
¼ TL gemahlene Vanille

FÜR DEN TEIG

100 g Erythrit
60 g weiche Butter
30 g Doppelrahm-Frischkäse
1 Ei (M)
½ TL gemahlene Vanille
100 g Mehl
150 g gemahlene Mandeln

FÜLLUNG: Erythrit im Blitzhacker pulverisieren. Himbeeren und 20 g pulverisiertes Erythrit in einen kleinen Topf geben und pürieren. Das Püree aufkochen, dann bei kleiner Hitze 3–5 Min. köcheln und um ein Drittel reduzieren lassen. Vom Herd nehmen und abkühlen lassen. Ei, Frischkäse, Vanille und restliches pulverisiertes Erythrit (30 g) in einer Schüssel mit dem Handrührgerät glatt rühren.

TEIG: Den Backofen auf 175° vorheizen, ein Backblech mit Backpapier belegen. Erythrit im Blitzhacker pulverisieren. Mit Butter und Frischkäse in eine Rührschüssel geben und mit den Rührbesen des Handrührgeräts in ca. 2 Min. hellcremig aufschlagen. Ei und Vanille einrühren. Mehl daraufsieben, Mandeln zufügen und alles zügig zu groben Streuseln verrühren. Diese mit den Händen zu einem Teig zusammenkneten.

FERTIGSTELLEN: Vom Teig esslöffelgroße Portionen abnehmen und zu Kugeln formen. Die Kugeln auf das Blech setzen, etwas flach drücken und mit dem Daumen eine Mulde hineindrücken. Je 2 TL Frischkäsemasse und 1 TL Himbeerpüree hineingeben. Die Kekse im Ofen (Mitte) 10–12 Min. backen, bis sich die Ränder goldbraun färben. Herausnehmen und vollständig abkühlen lassen.

REGISTER

A
Amerikaner 30
Äpfel
  Apfelkuchen mit Streuseln 15
  Apfelmuffins 24
  Apfeltaschen 40
Avocado: Doppeldecker mit Minzcreme 44

B
Bananenbrot, saftiges 05
Butterkekse 53
Butter-Mandel-Kuchen 11

C
Crème fraîche
  Apfelmuffins 24
  Bananenbrot, saftiges 05

D
Donuts mit Schokoglasur 26
Doppeldecker mit Minzcreme 44

E
Eclairs mit Vanillecreme 38
Engelsaugen 56
Erdbeertarte 16
Erdnussbutter: Erdnuss-Mandel-Riegel 54
Erdnuss-Mandel-Riegel 54

F
Frischkäse
  Apfelmuffins 24
  Doppeldecker mit Minzcreme 44
  Himbeerkekse mit Mandeln 59
  Schoko-Cupcakes 29
Fruchtaufstrich: Engelsaugen 56

H
Haselnüsse
  Engelsaugen 56
  Nussschnecken mit Zimt 35
Himbeeren
  Himbeerkekse mit Mandeln 59
  Himbeertorte 08
  Schoko-Cupcakes 29

K
Kakaopulver
  Doppeldecker mit Minzcreme 44
  Schoko-Cupcakes 29
Kardamom: Pistazien-Streusel 46
Käsekuchen mit Mandelboden 14
Kokosmakronen 57
Kokosmilch: Kokostorte, magische 19
Kokosraspel
  Kokosmakronen 57
  Kokostorte, magische 19
Kokostorte, magische 19
Konfitüre: Orangen-Mohn-Kuchen 13

M
Mandeln
  Apfelkuchen mit Streuseln 15
  Butter-Mandel-Kuchen 11
  Erdnuss-Mandel-Riegel 54
  Himbeerkekse mit Mandeln 59
  Himbeertorte 08
  Käsekuchen mit Mandelboden 14
  Mandelbrownies 31
Matcha-Swirls 51
Minzöl: Doppeldecker mit Minzcreme 44
Mohn
  Mohnschnecken 32
  Orangen-Mohn-Kuchen 13

N
Nussschnecken mit Zimt 35

O
Orangen
  Orangen-Mohn-Kuchen 13
  Pistazien-Streusel 46
Orangensaft: Orangen-Mohn-Kuchen 13

P
Pekannuss-Zimt-Kekse 48
Pistazien
  Matcha-Swirls 51
  Pistazien-Streusel 46
  Schoko-Cupcakes 29

Puddingpulver
　Amerikaner 30
　Apfelkuchen mit
　　Streuseln 15
　Apfeltaschen 40
　Käsekuchen mit Mandel-
　　boden 14
　Mohnschnecken 32

Q

Quark
　Apfeltaschen 40
　Butter-Mandel-Kuchen 11
　Käsekuchen mit Mandel-
　　boden 14
　Mohnschnecken 32
　Nussschnecken mit Zimt 35
　Quarkkrapfen 27
　Vanille-Quark-Halb-
　　monde 52

S

Sahne
　Butter-Mandel-Kuchen 11
　Erdnuss-Mandel-Riegel 54
　Himbeertorte 08
　Schoko-Cupcakes 29
　Schneeflocken 49
　Schoko-Cupcakes 29
　Schokokuchen 18
　Schokolade, weiße: Schoko-
　　Cupcakes 29
　Spritzgebäck ohne Presse 47
　Spritzkuchen 36

V

Vanille
　Amerikaner 30
　Butterkekse 53
　Butter-Mandel-Kuchen 11
　Donuts mit Schoko-
　　glasur 26
　Eclairs mit Vanillecreme 38
　Engelsaugen 56
　Erdbeertarte 16
　Himbeerkekse mit
　　Mandeln 59
　Käsekuchen mit Mandel-
　　boden 14
　Kokosmakronen 57
　Mandelbrownies 31
　Pekannuss-Zimt-Kekse 48
　Schneeflocken 49
　Vanille-Quark-Halb-
　　monde 52

Z

Zartbitter-Schokolade
　Donuts mit Schoko-
　　glasur 26
　Erdnuss-Mandel-Riegel 54
　Himbeertorte 08
　Kokosmakronen 57
　Mandelbrownies 31
　Pistazien-Streusel 46
　Schokokuchen 18
　Spritzgebäck ohne
　　Presse 47

Zimt
　Apfelkuchen mit
　　Streuseln 15
　Apfelmuffins 24
　Apfeltaschen 40
　Nussschnecken mit Zimt 35
　Pekannuss-Zimt-Kekse 48
Zitronen
　Spritzgebäck ohne
　　Presse 47
　Zitronenkuchen 10
　Zitronentarte mit Baiser 21
Zitronensaft
　Amerikaner 30
　Apfelmuffins 24
　Mohnschnecken 32
　Nussschnecken mit Zimt 35
　Orangen-Mohn-Kuchen 13
　Spritzkuchen 36

Abkürzungsverzeichnis:
E = Eiweiß
EL = Esslöffel
(gestrichen)
F = Fett
kcal = Kilokalorien
KH = Kohlenhydrate
Msp. = Messerspitze
Pck. = Päckchen
TK = Tiefkühl
TL = Teelöffel
(gestrichen)
Ø = Durchmesser

© 2020 GRÄFE UND UNZER VERLAG GmbH, München
Alle Rechte vorbehalten. Nachdruck, auch auszugsweise, sowie die Verbreitung durch Film, Funk, Fernsehen und Internet, durch fotomechanische Wiedergabe, Tonträger und Datenverarbeitungssysteme jeglicher Art nur mit schriftlicher Genehmigung des Verlages.

Projektleitung: Elke Sieferer
Lektorat: Petra Teetz
Korrektorat: Ulrike Wagner
Innen- und Umschlaggestaltung: independent Medien-Design, Horst Moser, München
Herstellung: Renate Hutt
Satz: Kösel, Krugzell
Reproduktion: medienprinzen GmbH, München
Druck und Bindung: Firmengruppe APPL, aprinta druck, Wemding
Syndication: www.seasons.agency
Printed in Germany

1. Auflage 2020
ISBN 978-3-8338-7552-6

www.facebook.com/gu.verlag

DER AUTOR

Nico Stanitzok ist diätetisch geschulter Koch, Kochbuchautor und Blogger. Er liebt unkomplizierte Rezepte, besonders, wenn sie obendrein noch gesund und lecker sind. Im GRÄFE UND UNZER VERLAG sind bereits mehrere erfolgreiche Titel von ihm erschienen. Mehr von ihm unter www.nicostanitzok.de.

DIE FOTOGRAFIN

Katrin Winner fand ihre berufliche Erfüllung, indem sie ihre Leidenschaft für gutes Essen mit ihrer künstlerischen Kreativität verband. Seit 2018 betreibt sie ihr eigenes Atelier für Food- und Still-Life-Fotografie in München. An diesem Buch arbeitete sie zusammen mit ihrem Team, Foodstylistin **Gerlinde Hans** und **Alissa Poller**.

BILDNACHWEIS

S. 6–59 und Stepfotos auf den Klappen: Katrin Winner; S. 1, 5 und Stillleben auf den Klappen: Coco Lang; Coverfoto: Kathrin Koschitzki; Autorenfoto: privat.

LIEBE LESERINNEN UND LESER,

wir wollen Ihnen mit diesem Buch Informationen und Anregungen geben, um Ihnen das Leben zu erleichtern oder Sie zu inspirieren, Neues auszuprobieren. Wir achten bei der Erstellung unserer Bücher auf Aktualität und stellen höchste Ansprüche an Inhalt und Gestaltung. Alle Anleitungen und Rezepte werden von unseren Autoren, jeweils Experten auf ihrem Gebiet, gewissenhaft erstellt und von unseren Redakteuren/innen mit größter Sorgfalt ausgewählt und geprüft.

Haben wir Ihre Erwartungen erfüllt? Sind Sie mit diesem Buch und seinen Inhalten zufrieden? Haben Sie weitere Fragen zu diesem Thema? Wir freuen uns auf Ihre Rückmeldung, auf Lob, Kritik und Anregungen, damit wir für Sie immer besser werden können. Und wir freuen uns, wenn Sie diesen Titel weiterempfehlen, in Ihrem Freundeskreis oder online.

Sollten wir Ihre Erwartungen so gar nicht erfüllt haben, tauschen wir Ihnen Ihr Buch jederzeit gegen ein gleichwertiges zum gleichen oder ähnlichen Thema um.

KONTAKT

GRÄFE UND UNZER VERLAG
Leserservice
Postfach 86 03 13
81630 München
E-Mail: leserservice@graefe-und-unzer.de

Telefon: 0 08 00 / 72 37 33 33*
Telefax: 0 08 00 / 50 12 05 44*
Mo – Do: 9.00 – 17.00 Uhr
Fr: 9.00 – 16.00 Uhr (*gebührenfrei in D,A,CH)

APPETIT AUF MEHR?

ISBN 978-3-8338-7347-8

ISBN 978-3-8338-7702-5

ISBN 978-3-8338-7295-2

ISBN 978-3-8338-6977-8

ISBN 978-3-8338-6942-6

ISBN 978-3-8338-6630-2

 Alle hier vorgestellten Bücher sind auch als eBook erhältlich.

Mehr von GU auf **www.gu.de** und facebook.com/gu.verlag

DIE »GU KOCHEN PLUS«-APP

 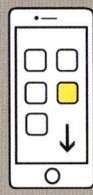

1 APP HERUNTERLADEN

Laden Sie die kostenlose »GU Kochen Plus«-App im Apple App Store oder im Google Play Store auf Ihr Smartphone. Starten Sie die App und wählen Sie Ihren Küchenratgeber aus.

2 REZEPTBILD SCANNEN

Scannen Sie das gewünschte Rezeptbild mit der Kamera Ihres Smartphones. Klicken Sie im Display die Funktion Ihrer Wahl.

3 FUNKTIONEN NUTZEN

Sammeln Sie Ihre Lieblingsrezepte. Speichern und verschicken Sie Ihre Einkaufslisten. Oder nutzen Sie den praktischen Supermarkt-Finder und den Rezept-Planer.